Impressum
Verlag: BABADADA GmbH, Nedderfeld 112 , 22529 Hamburg
Geschäftsführer / Verlagsleitung: Harald Hof
Druck: Books on Demand GmbH, In de Tarpen 42, 22848 Norderstedt

Imprint
Publisher: BABADADA GmbH, Nedderfeld 112 , 22529 Hamburg, Germany
Managing Director / Publishing direction: Harald Hof
Print: Books on Demand GmbH, In de Tarpen 42, 22848 Norderstedt, Germany

die Schule
skola

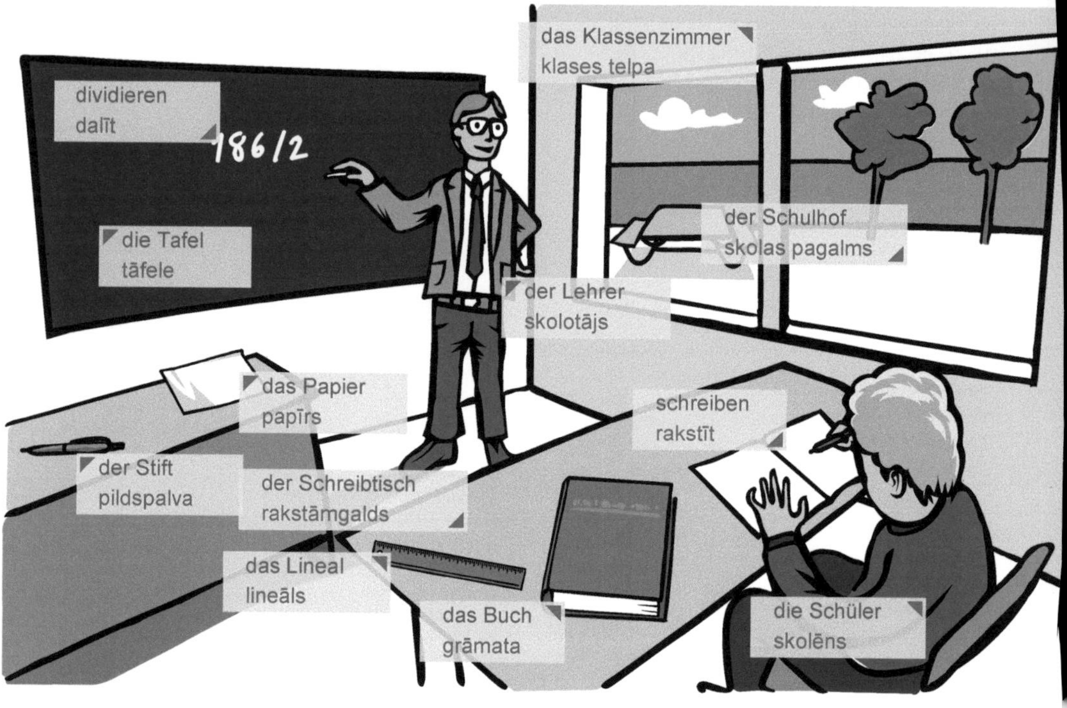
das Klassenzimmer
klases telpa
dividieren
dalīt
186/2
die Tafel
tāfele
der Schulhof
skolas pagalms
der Lehrer
skolotājs
das Papier
papīrs
schreiben
rakstīt
der Stift
pildspalva
der Schreibtisch
rakstāmgalds
das Lineal
lineāls
das Buch
grāmata
die Schüler
skolēns

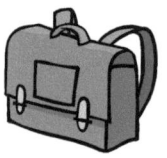

der Ranzen
skolas soma

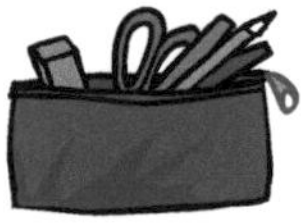

die Federmappe
penālis

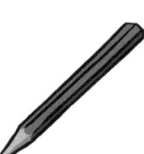

der Bleistift
zīmulis

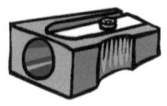

der Bleistiftanspitzer
zīmuļu asināmais

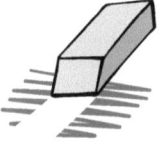

das Radiergummi
dzēšgumija

der Zeichenblock
zīmēšanas bloks

die Zeichnung

zīmējums

der Pinsel

ota

der Malkasten

krāsas

die Schere

šķēres

der Klebstoff

līme

das Übungsheft

darba burtnīca

die Hausaufgabe

mājas darbs

die Zahl

skaitlis

addieren

saskaitīt

subtrahieren

atņemt

multiplizieren

reizināt

rechnen

rēķināt

der Buchstabe

burts

das Alphabet

alfabēts

das Wort

vārds

die Schule - skola

3

der Text

teksts

lesen

lasīt

die Kreide

krīts

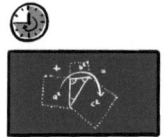

die Stunde

mācību stunda

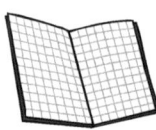

das Klassenbuch

žurnāls

die Prüfung

eksāmens

das Zeugnis

liecība

die Schuluniform

skolas forma

die Ausbildung

izglītība

das Lexikon

enciklopēdija

die Universität

universitāte

das Mikroskop

mikroskops

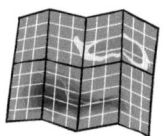

die Karte

karte

der Papierkorb

papīrgrozs

die Reise
ceļojums

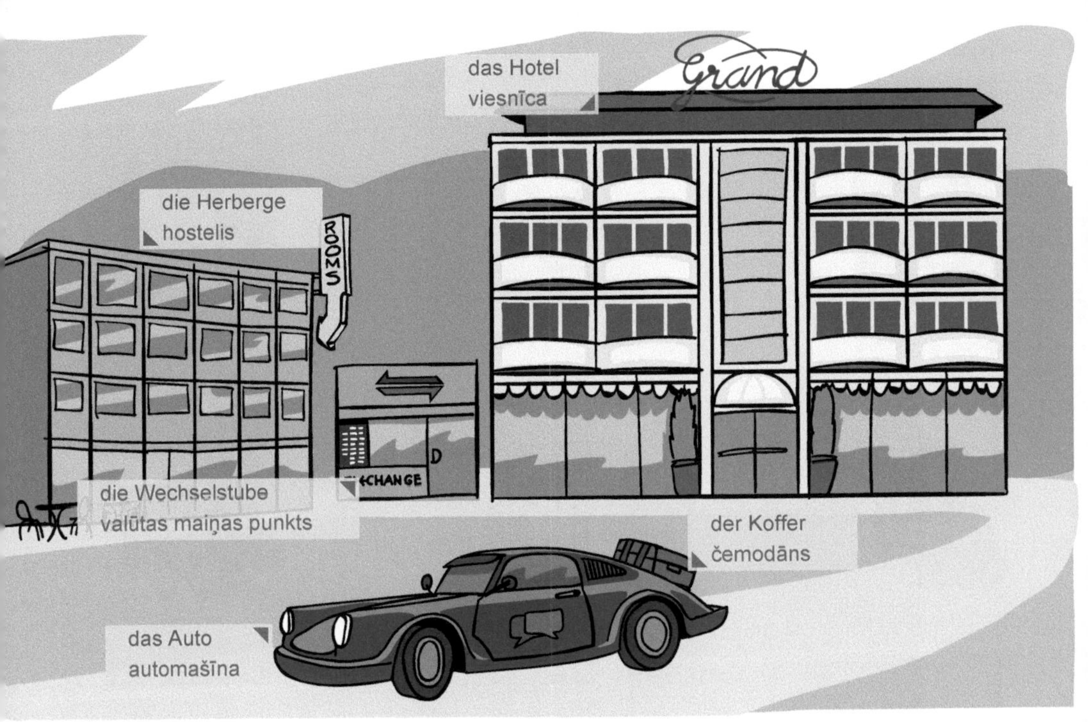
das Hotel
viesnīca
Grand
die Herberge
hostelis
ROOMS
die Wechselstube
valūtas maiņas punkts
der Koffer
čemodāns
das Auto
automašīna

die Sprache

Valoda

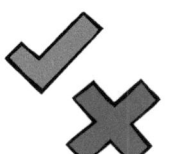

ja / nein

jā / nē

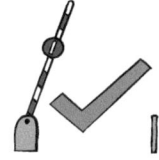

Okay

Okay

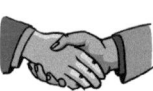

Hallo

Sveiki!

der Übersetzer

tulks

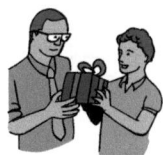

Danke

paldies

Was kostet…?

Cik maksā…?

Ich verstehe nicht

Es nesaprotu

das Problem

problēma

Guten Abend!

Labvakar!

Guten Morgen!

Labrīt!

Gute Nacht!

Ar labu nakti!

Auf Wiedersehen

Uz redzēšanos

die Richtung

virziens

das Gepäck

bagāža

die Tasche

soma

der Rucksack

mugursoma

der Gast

viesis

das Zimmer

istaba

der Schlafsack

guļammaiss

das Zelt

telts

die Touristeninformation

tūrisma informācija

der Strand

pludmale

die Kreditkarte

kredītkarte

das Frühstück

brokastis

das Mittagessen

pusdienas

das Abendessen

vakariņas

die Fahrkarte

biļete

der Fahrstuhl

lifts

die Briefmarke

pastmarka

die Grenze

robeža

der Zoll

muita

die Botschaft

vēstniecība

das Visum

vīza

der Pass

pase

der Transport
transports

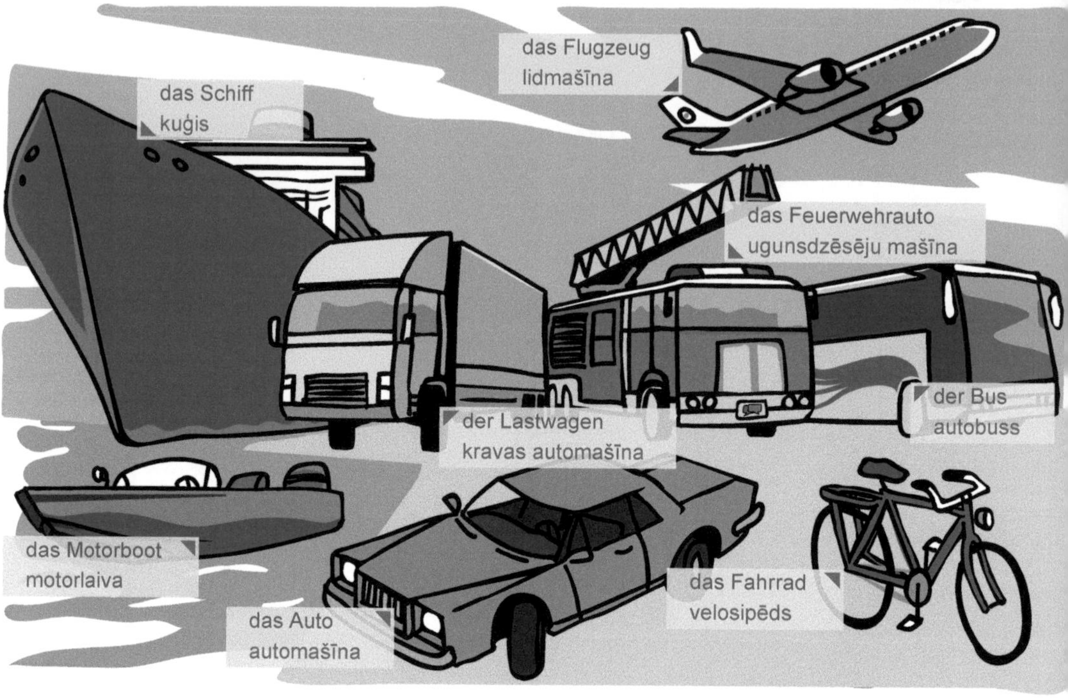

das Flugzeug
lidmašīna

das Schiff
kuģis

das Feuerwehrauto
ugunsdzēsēju mašīna

der Bus
autobuss

der Lastwagen
kravas automašīna

das Motorboot
motorlaiva

das Auto
automašīna

das Fahrrad
velosipēds

die Fähre

prāmis

das Boot

laiva

das Motorrad

motocikls

das Polizeiauto

policijas automašīna

das Rennauto

sacīkšu automobilis

der Mietwagen

nomas auto

das Carsharing

auto koplietošana

der Abschleppwagen

evakuators

das Müllauto

atkritumu mašīna

der Motor

dzinējs

der Kraftstoff

benzīns

die Tankstelle

degvielas uzpildes stacija

das Verkehrsschild

ceļa zīme

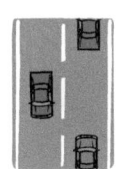

der Verkehr

satiksme

der Stau

sastrēgums

der Parkplatz

stāvvieta

der Bahnhof

dzelzceļa stacija

die Schienen

sliedes

der Zug

vilciens

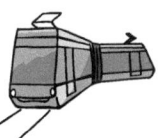

die Straßenbahn

tramvajs

der Wagon

vagons

der Helikopter

helikopters

der Flughafen

lidosta

der Tower

tornis

der Passagier

pasažieris

der Container

konteiners

der Karton

kaste

der Karren

ratiņi

der Korb

grozs

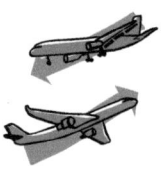

starten / landen

pacelties / nosēsties

die Stadt

pilsēta

das Dorf

ciems

das Stadtzentrum

pilsētas centrs

das Haus

māja

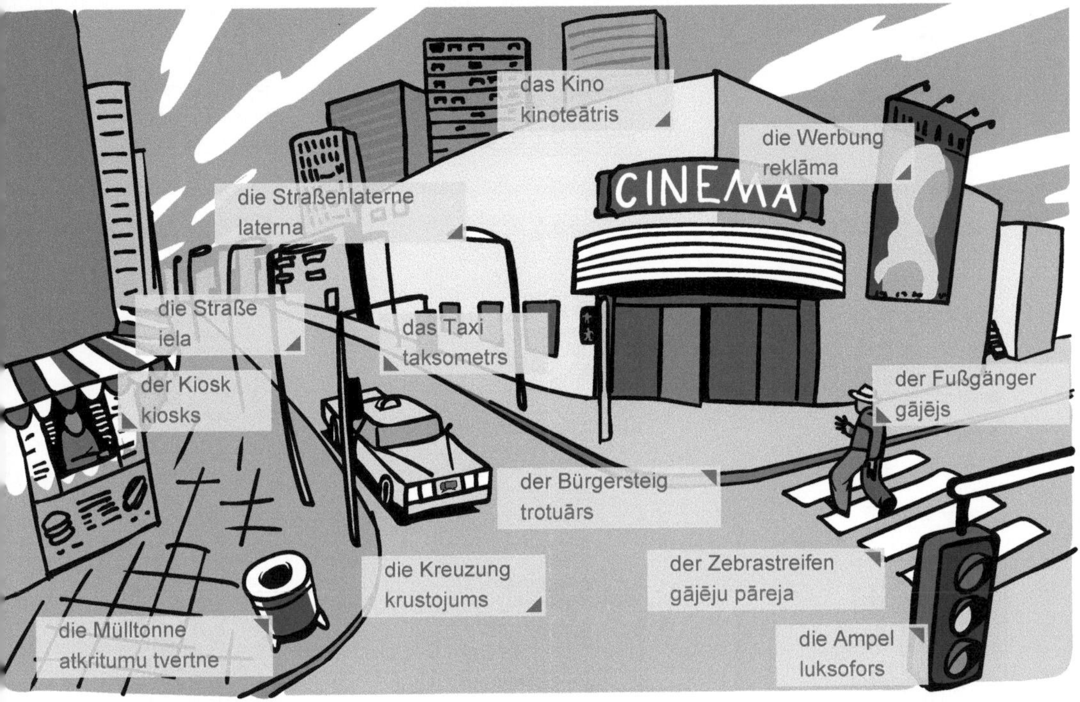

das Kino
kinoteātris

die Werbung
reklāma

die Straßenlaterne
laterna

die Straße
iela

das Taxi
taksometrs

der Kiosk
kiosks

der Fußgänger
gājējs

der Bürgersteig
trotuārs

die Kreuzung
krustojums

der Zebrastreifen
gājēju pāreja

die Mülltonne
atkritumu tvertne

die Ampel
luksofors

die Hütte
būda

die Wohnung
dzīvoklis

der Bahnhof
dzelzceļa stacija

das Rathaus
rātsnams

das Museum
muzejs

die Schule
skola

die Stadt - pilsēta

11

die Universität

universitāte

die Bank

banka

das Krankenhaus

slimnīca

das Hotel

viesnīca

die Apotheke

aptieka

das Büro

birojs

die Buchhandlung

grāmatnīca

das Geschäft

veikals

der Blumenladen

ziedu veikals

der Supermarkt

lielveikals

der Markt

tirgus

das Kaufhaus

tirdzniecības centrs

der Fischhändler

zivju tirgotājs

das Einkaufszentrum

tirdzniecības centrs

der Hafen

osta

der Park

parks

die Bank

sols

die Brücke

tilts

die Treppe

kāpnes

die U-Bahn

metro

der Tunnel

tunelis

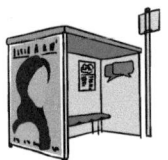

die Bushaltestelle

autobusa pieturvieta

die Bar

bārs

das Restaurant

restorāns

der Briefkasten

pastkastīte

das Straßenschild

ielas nosaukuma plāksne

die Parkuhr

stāvlaika skaitītājs

der Zoo

zooloģiskais dārzs

die Badeanstalt

peldbaseins

die Moschee

mošeja

die Stadt - pilsēta

der Bauernhof

zemnieku saimniecība

die Umweltverschmutzung

vides piesārņojums

der Friedhof

kapsēta

die Kirche

baznīca

der Spielplatz

spēļu laukums

der Tempel

templis

die Landschaft

ainava

das Blatt
lapa

der Wegweiser
ceļrādis

der Weg
ceļš

die Wiese
pļava

der Stein
akmens

der Baum
koks

der Wanderer
ceļotājs

der Fluss
upe

das Gras
zāle

die Blume
puķe

das Tal

ieleja

der Berg

kalns

der See

ezers

der Wald

mežs

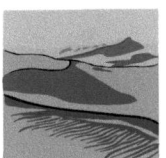

die Wüste

tuksnesis

der Vulkan

vulkāns

das Schloss

pils

der Regenbogen

varavīksne

der Pilz

sēne

die Palme

palma

der Moskito

moskīts

die Fliege

muša

die Ameise

skudra

die Biene

bite

die Spinne

zirneklis

die Landschaft - ainava

der Käfer

vabole

der Frosch

varde

das Eichhörnchen

vāvere

der Igel

ezis

der Hase

zaķis

die Eule

pūce

die Vogel

putns

der Schwan

gulbis

das Wildschwein

meža cūka

der Hirsch

briedis

der Elch

alnis

der Staudamm

aizsprosts

das Windrad

vēja ģenerators

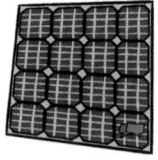

das Solarmodul

saules baterija

das Klima

klimats

das Restaurant

restorāns

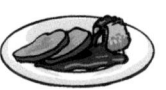

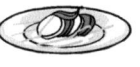

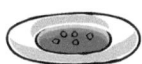

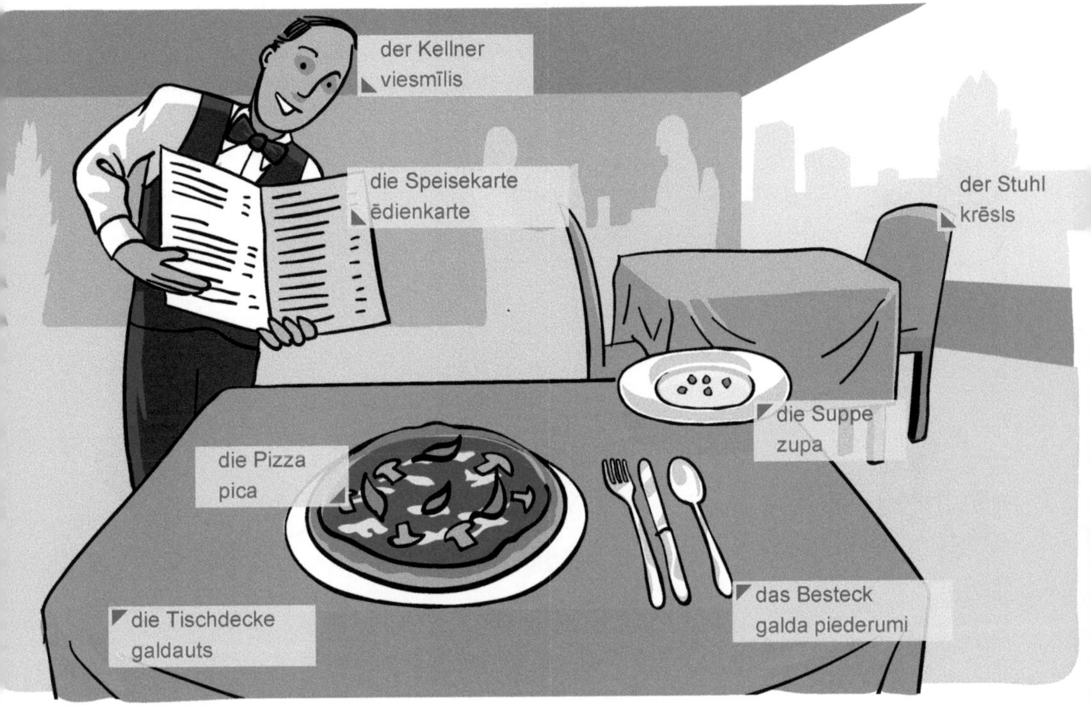
der Kellner
viesmīlis
die Speisekarte
ēdienkarte
der Stuhl
krēsls
die Suppe
zupa
die Pizza
pica
das Besteck
galda piederumi
die Tischdecke
galdauts

die Vorspeise

uzkoda

das Hauptgericht

pamatēdiens

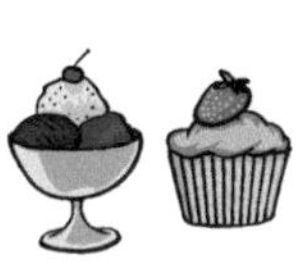

die Nachspeise

deserts

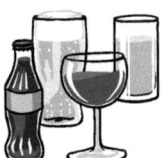

die Getränke

dzērieni

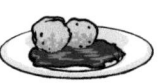

das Essen

ēdiens

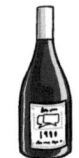

die Flasche

pudele

das Fastfood

ātrās uzkodas

das Streetfood

ielu uzkodas

die Teekanne

tējkanna

die Zuckerdose

cukurtrauks

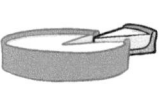

die Portion

porcija

die Espressomaschine

espresso kafijas automāts

der Hochstuhl

bāra krēsls

die Rechnung

rēķins

das Tablett

paplāte

das Messer

nazis

die Gabel

dakša

der Löffel

karote

der Teelöffel

tējkarote

die Serviette

salvete

das Glas

glāze

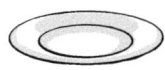

der Teller

šķīvis

der Suppenteller

zupas šķīvis

die Untertasse

apakštase

die Sauce

mērce

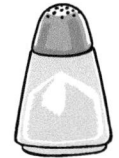

der Salzstreuer

sāls trauciņš

die Pfeffermühle

piparu dzirnaviņas

der Essig

etiķis

das Öl

eļļa

die Gewürze

garšvielas

das Ketchup

kečups

der Senf

sinepes

die Mayonnaise

majonēze

der Supermarkt
lielveikals

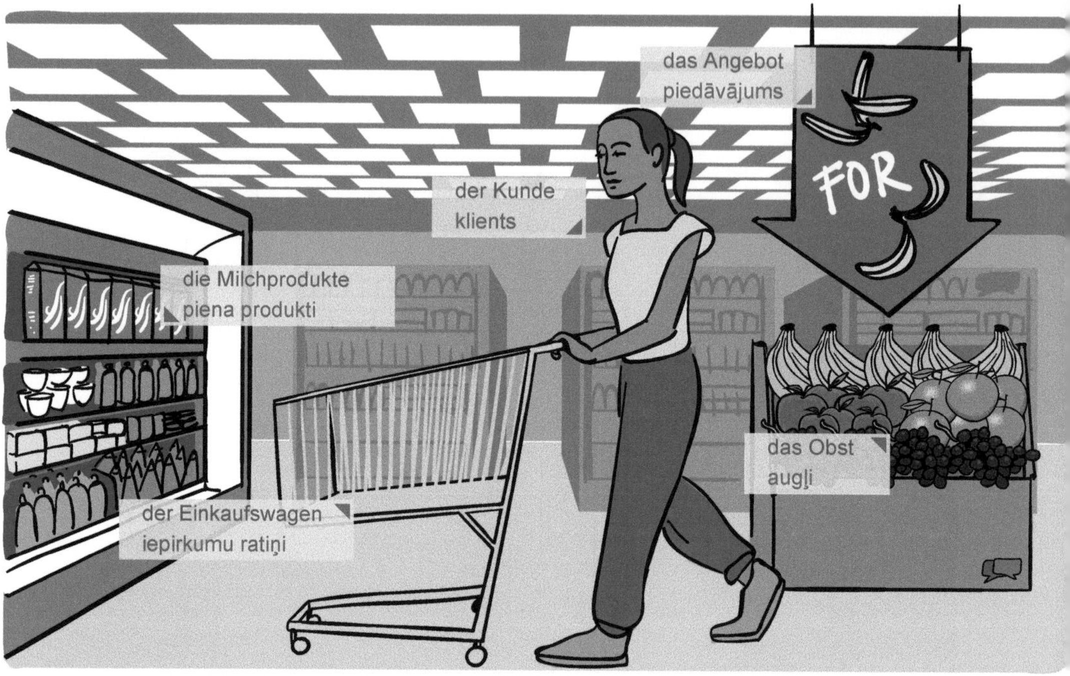

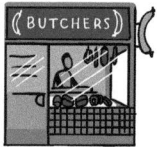

das Angebot
piedāvājums
FOR
der Kunde
klients
die Milchprodukte
piena produkti
das Obst
augļi
der Einkaufswagen
iepirkumu ratiņi

BUTCHERS

die Schlachterei

kautuve

BAKERY

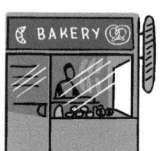

die Bäckerei

maizes veikals

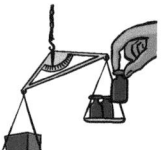

wiegen

svērt

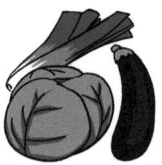

das Gemüse

dārzeņi

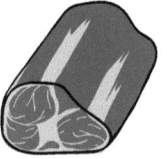

das Fleisch

gaļa

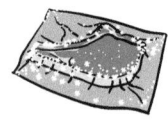

die Tiefkühlkost

saldēti produkti

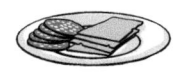

der Aufschnitt

aukstās gaļas uzkodas

die Konserven

konservi

das Waschmittel

pulveris

die Süßigkeiten

saldumi

die Haushaltsartikel

mājsaimniecības preces

das Reinigungsmittel

tīrīšanas līdzeklis

die Verkäuferin

pārdevēja

die Kasse

kase

der Kassierer

kasieris

die Einkaufsliste

iepirkumu saraksts

die Öffnungszeiten

darba laiks

die Brieftasche

maks

die Kreditkarte

kredītkarte

die Tasche

soma

die Plastiktüte

maisiņš

der Supermarkt - lielveikals

21

die Getränke
dzērieni

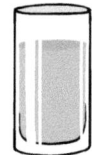

das Wasser

ūdens

der Saft

sula

die Milch

piens

die Cola

kola

der Wein

vīns

das Bier

alus

der Alkohol

alkohols

der Kakao

kakao

der Tee

tēja

der Kaffee

kafija

der Espresso

espresso

der Cappuccino

kapučīno

die Banane

banāns

der Apfel

ābols

die Orange

apelsīns

die Melone

melone

die Zitrone

citrons

die Karotte

burkāns

der Knoblauch

ķiploks

der Bambus

bambuss

die Zwiebel

sīpols

der Pilz

sēne

die Nüsse

rieksti

die Nudeln

makaroni

die Spaghetti

spageti

der Reis

rīsi

der Salat

salāti

die Pommes frites

frī kartupeļi

die Bratkartoffeln

cepti kartupeļi

die Pizza

pica

der Hamburger

hamburgers

das Sandwich

sviestmaize

das Schnitzel

šnicele

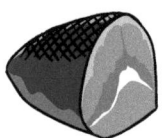

der Schinken

šķiņķis

die Salami

salami

die Wurst

desa

das Huhn

vista

der Braten

cepetis

der Fisch

zivs

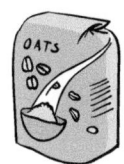

die Haferflocken

auzu pārslas

das Müsli

muslis

die Cornflakes

brokastu pārslas

das Mehl

milti

das Croissant

radziņš

das Brötchen

brokastu maizītes

das Brot

maize

der Toast

tostermaize

die Kekse

cepumi

die Butter

sviests

der Quark

biezpiens

der Kuchen

kūka

das Ei

ola

das Spiegelei

cepta ola

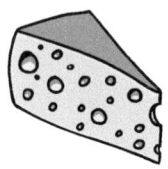

der Käse

siers

die Eiscreme

saldējums

der Zucker

cukurs

der Honig

medus

die Marmelade

marmelāde

die Nougat-Creme

riekstu krēms

das Curry

karijs

der Bauernhof
zemnieku saimniecība

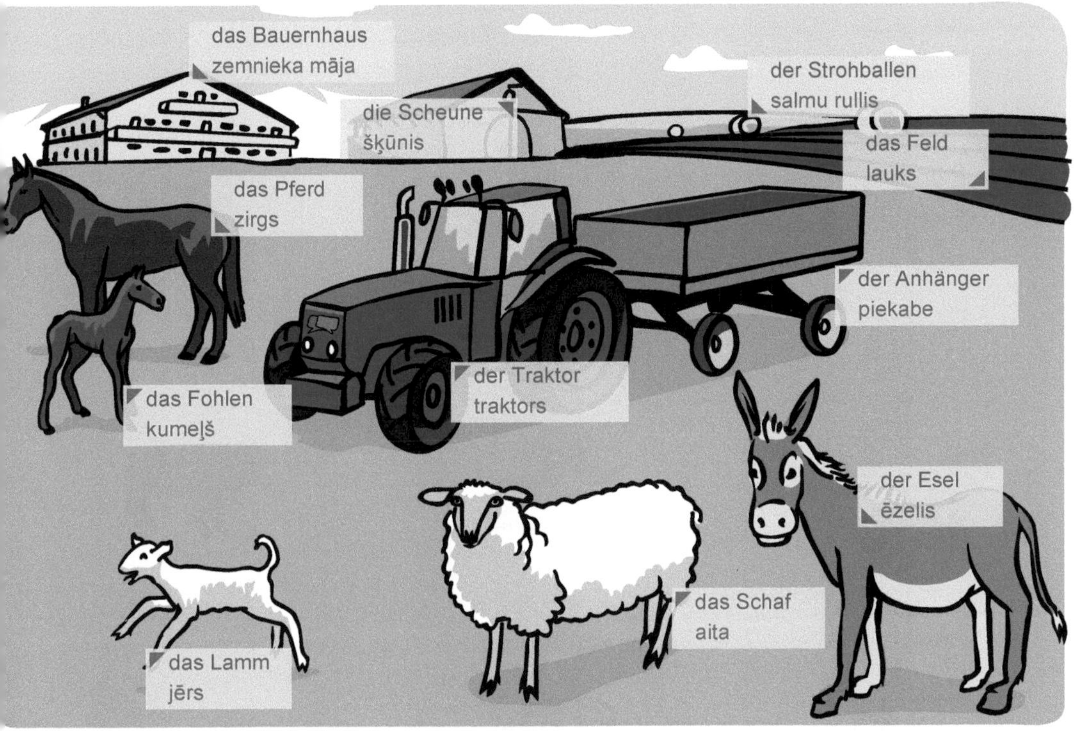
das Bauernhaus
zemnieka māja
die Scheune
šķūnis
der Strohballen
salmu rullis
das Feld
lauks
das Pferd
zirgs
der Anhänger
piekabe
der Traktor
traktors
das Fohlen
kumeļš
der Esel
ēzelis
das Schaf
aita
das Lamm
jērs

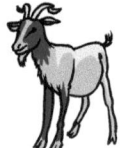

die Ziege
kaza

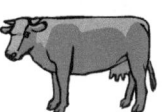

die Kuh
govs

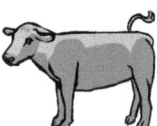

das Kalb
teļš

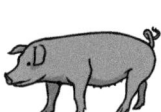

das Schwein
cūka

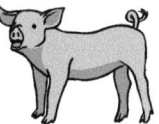

das Ferkel
sivēns

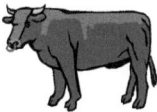

der Bulle
bullis

die Gans

zoss

die Ente

pīle

das Küken

cālis

das Huhn

vista

der Hahn

gailis

die Ratte

žurka

die Katze

kaķis

die Maus

pele

der Ochse

vērsis

der Hund

suns

die Hundehütte

suņa būda

der Gartenschlauch

dārza šļūtene

die Gießkanne

lejkanna

die Sense

izkapts

der Pflug

arkls

die Sichel

sirpis

die Hacke

kaplis

die Mistgabel

mēslu dakša

die Axt

cirvis

die Schubkarre

ķerra

der Trog

sile

die Milchkanne

piena kanna

der Sack

maiss

der Zaun

žogs

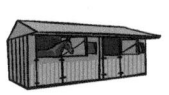

der Stall

kūts

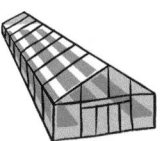

das Treibhaus

siltumnīca

der Boden

augsne

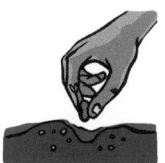

die Saat

sēklas

der Dünger

mēslojums

der Mähdrescher

kombains

ernten

novākt ražu

die Ernte

raža

die Yamswurzel

jamss

der Weizen

kvieši

das Soja

soja

die Kartoffel

kartupelis

der Mais

kukurūza

der Raps

rapsis

der Obstbaum

augļu koks

der Maniok

manioka

das Getreide

labība

das Haus
māja

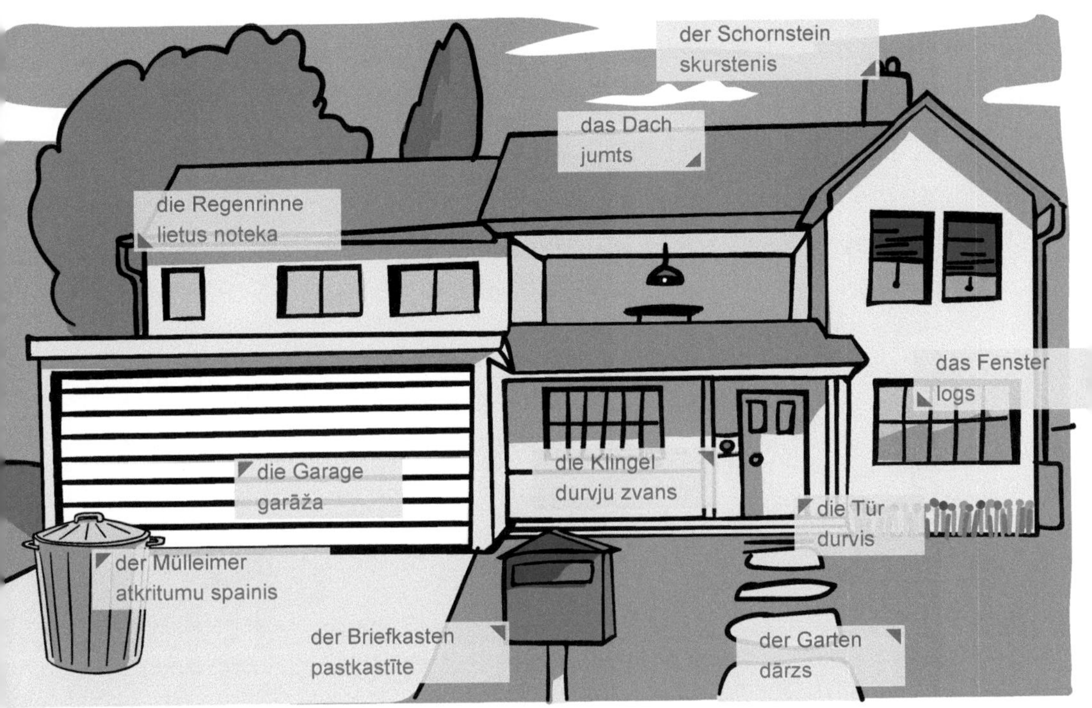
der Schornstein
skurstenis
das Dach
jumts
die Regenrinne
lietus noteka
das Fenster
logs
die Garage
garāža
die Klingel
durvju zvans
die Tür
durvis
der Mülleimer
atkritumu spainis
der Briefkasten
pastkastīte
der Garten
dārzs

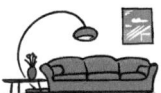

das Wohnzimmer

viesistaba

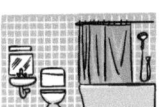

das Badezimmer

vannas istaba

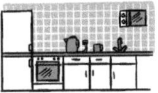

die Küche

virtuve

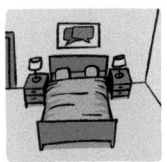

das Schlafzimmer

guļamistaba

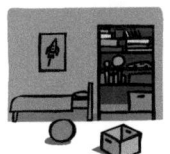

das Kinderzimmer

bērnu istaba

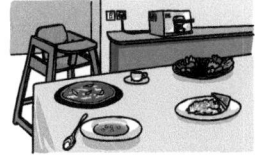

das Esszimmer

ēdamistaba

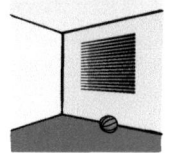

der Boden

grīda

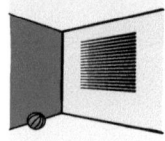

die Wand

siena

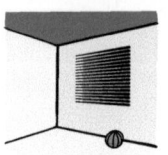

die Decke

griesti

der Keller

pagrabs

die Sauna

sauna

der Balkon

balkons

die Terrasse

terase

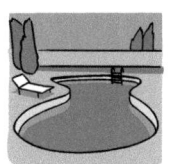

das Schwimmbad

baseins

der Rasenmäher

zāles pļāvējs

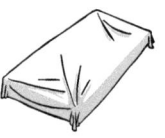

der Bettbezug

gultas veļa

die Bettdecke

sega

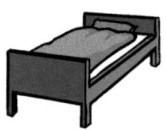

das Bett

gulta

der Besen

slota

der Eimer

spainis

der Schalter

slēdzis

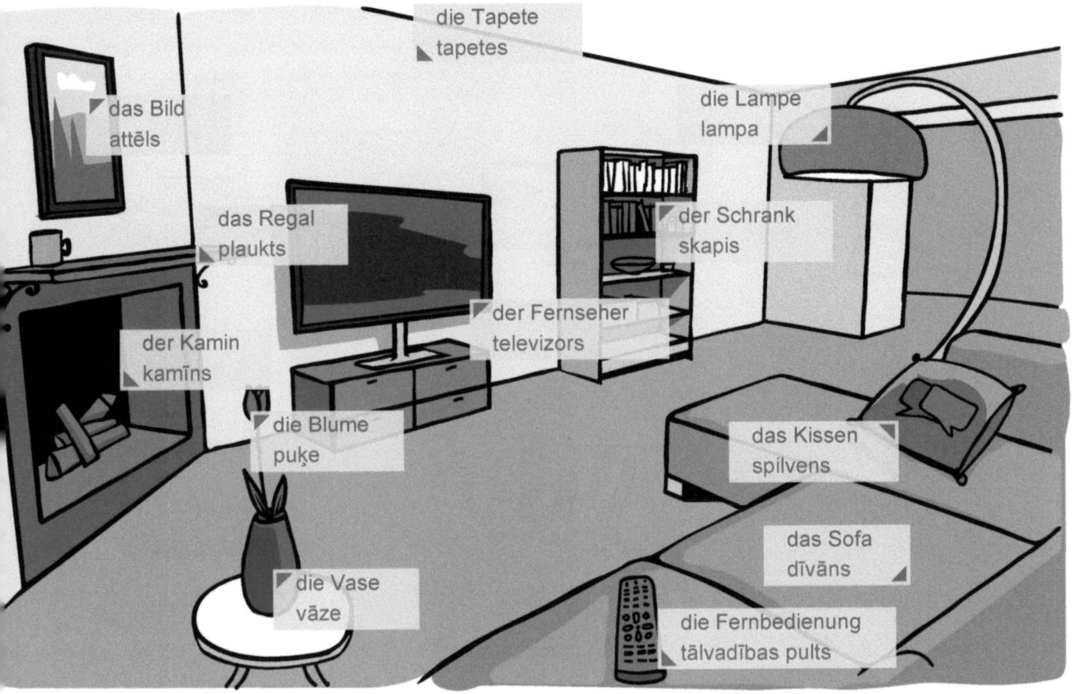

die Tapete
tapetes

das Bild
attēls

die Lampe
lampa

das Regal
plaukts

der Schrank
skapis

der Kamin
kamīns

der Fernseher
televizors

die Blume
puķe

das Kissen
spilvens

das Sofa
dīvāns

die Vase
vāze

die Fernbedienung
tālvadības pults

der Teppich
paklājs

der Vorhang
aizkars

der Tisch
galds

der Stuhl
krēsls

der Schaukelstuhl
šūpuļkrēsls

der Sessel
atpūtas krēsls

das Buch

grāmata

die Decke

sega

die Dekoration

dekorācija

das Feuerholz

malka

der Film

filma

die Stereoanlage

mūzikas centrs

der Schlüssel

atslēga

die Zeitung

avīze

das Gemälde

glezna

das Poster

plakāts

das Radio

radio

der Notizblock

pierakstu blociņš

der Staubsauger

putekļu sūcējs

der Kaktus

kaktuss

die Kerze

svece

die Küche
virtuve

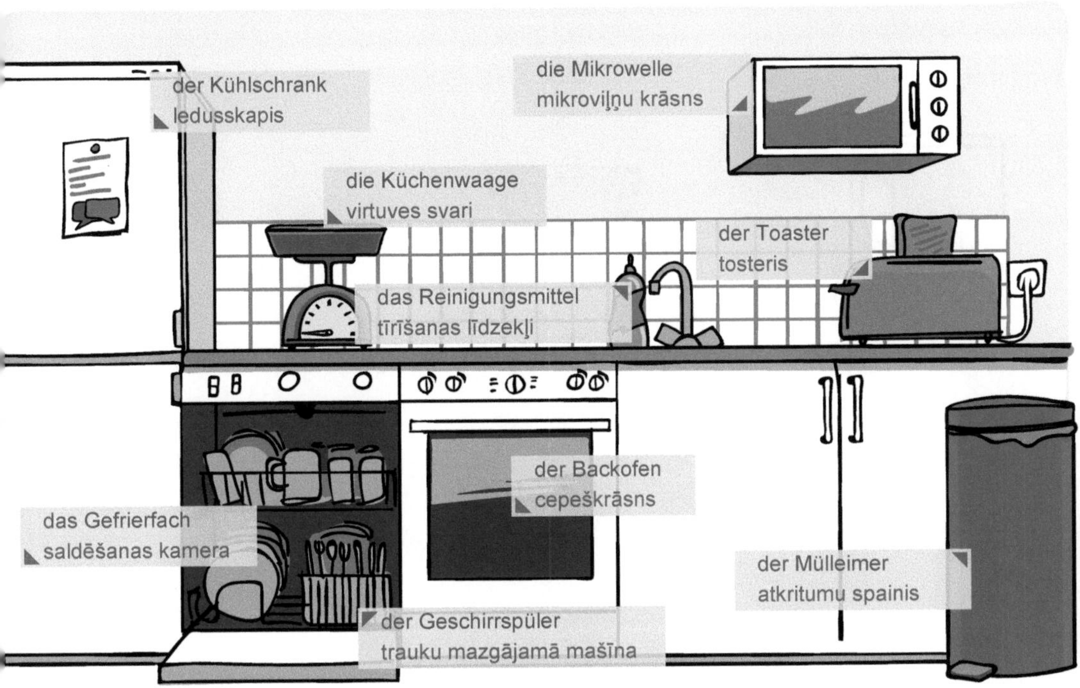
der Kühlschrank
ledusskapis
die Mikrowelle
mikroviļņu krāsns
die Küchenwaage
virtuves svari
der Toaster
tosteris
das Reinigungsmittel
tīrīšanas līdzekļi
der Backofen
cepeškrāsns
das Gefrierfach
saldēšanas kamera
der Mülleimer
atkritumu spainis
der Geschirrspüler
trauku mazgājamā mašīna

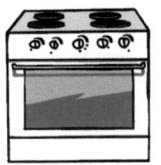

der Herd

plīts

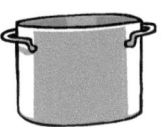

der Topf

pods

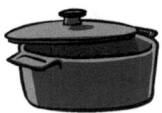

der Eisentopf

katls

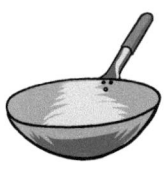

der Wok / Kadai

Wok panna

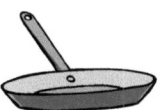

die Pfanne

panna

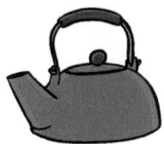

der Wasserkocher

elektriskā tējkanna

der Dampfgarer

tvaika katls

das Backblech

cepešpanna

das Geschirr

trauki

der Becher

krūze

die Schale

bļoda

die Essstäbchen

irbulīši

die Suppenkelle

kauss

der Pfannenwender

lāpstiņa

der Schneebesen

putošanas slotiņa

das Kochsieb

sietiņš

das Sieb

siets

die Reibe

rīve

der Mörser

piesta

der Grill

grilēt

die Feuerstelle

atklāts pavards

das Schneidebrett

dēlis

das Nudelholz

mīklas rullis

der Korkenzieher

korķu vilķis

die Dose

bundža

der Dosenöffner

konservu nazis

der Topflappen

virtuves cimdi

das Waschbecken

izlietne

die Bürste

birste

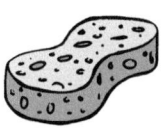

der Schwamm

sūklis

der Mixer

mikseris

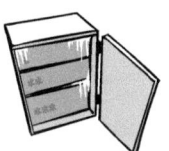

die Gefriertruhe

saldētava

die Babyflasche

bērna pudelīte

der Wasserhahn

ūdenskrāns

das Badezimmer
vannas istaba

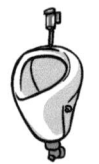

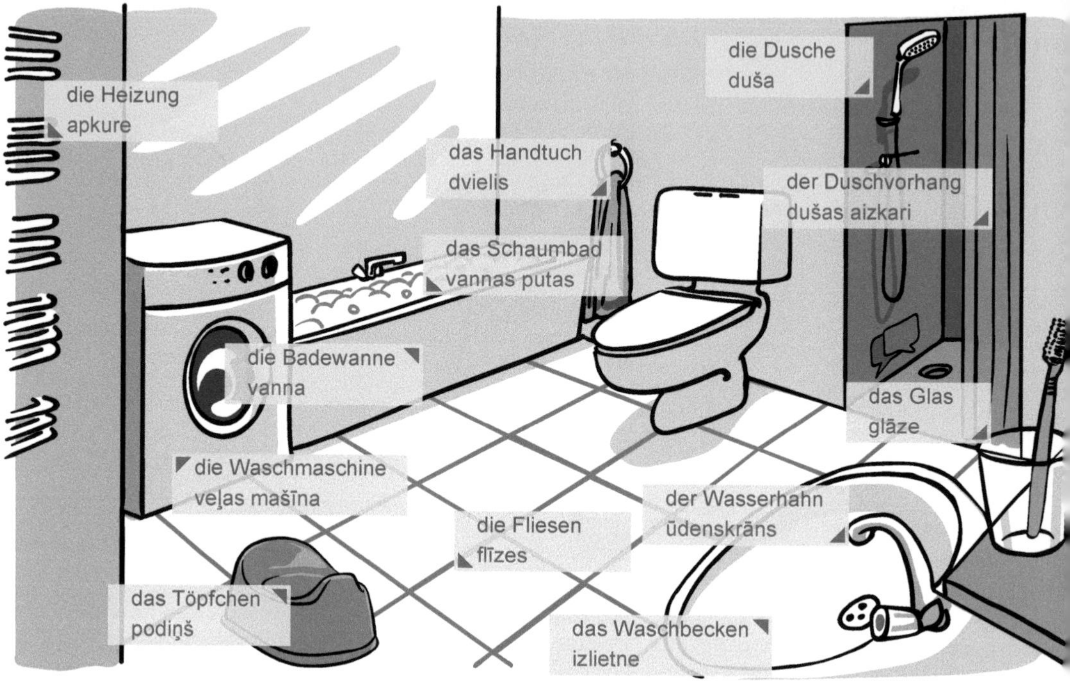

die Heizung
apkure

die Dusche
duša

das Handtuch
dvielis

der Duschvorhang
dušas aizkari

das Schaumbad
vannas putas

die Badewanne
vanna

das Glas
glāze

die Waschmaschine
veļas mašīna

der Wasserhahn
ūdenskrāns

die Fliesen
flīzes

das Töpfchen
podiņš

das Waschbecken
izlietne

die Toilette
tualetes pods

die Hocktoilette
Āzijas tipa tualete

das Bidet
bidē

das Pissoir
pisuārs

das Toilettenpapier
tualetes papīs

die Toilettenbürste
tualetes birste

die Zahnbürste

zobu birste

die Zahnpasta

zobu pasta

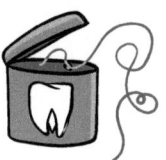

die Zahnseide

zobu diegs

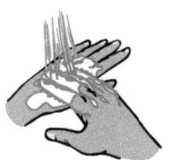

waschen

mazgāt

die Handbrause

rokas duša

die Intimdusche

duša

die Waschschüssel

bļoda

die Rückenbürste

muguras mazgāšanas birste

die Seife

ziepes

das Duschgel

dušas želeja

das Shampoo

šampūns

der Waschlappen

mazgāšanas drāna

der Abfluss

noteka

die Creme

krēms

das Deodorant

dezodorants

das Badezimmer - vannas istaba

39

der Spiegel

spogulis

der Kosmetikspiegel

spogulītis

der Rasierer

skuveklis

der Rasierschaum

skūšanās putas

das Rasierwasser

losjons pēc skūšanās

der Kamm

ķemme

die Bürste

matu suka

der Föhn

matu fēns

das Haarspray

matu laka

das Makeup

grima komplekts

der Lippenstift

lūpu krāsa

der Nagellack

nagulaka

die Watte

vate

die Nagelschere

šķērītes

das Parfum

smaržas

der Kulturbeutel

kosmētikas maks

der Hocker

ķeblītis

die Waage

svari

der Bademantel

halāts

die Gummihandschuhe

tīrīšanas cimdi

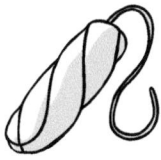

das Tampon

tampons

die Damenbinde

pakete

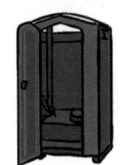

die Chemietoilette

ķīmiskā tualete

das Kinderzimmer
bērnu istaba

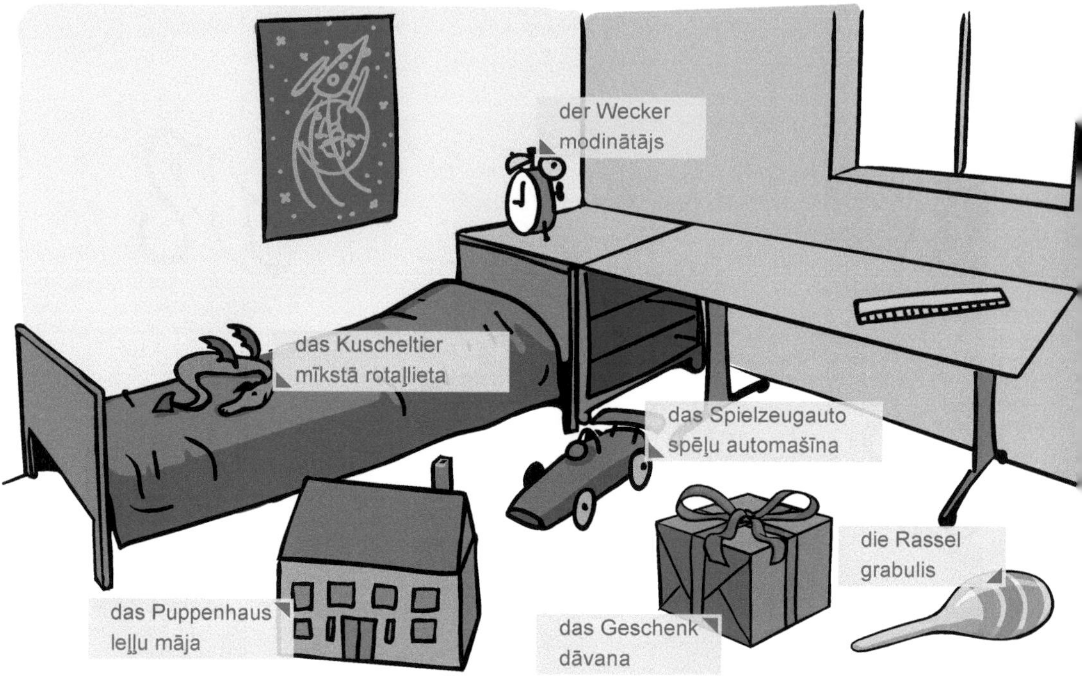

der Wecker
modinātājs

das Kuscheltier
mīkstā rotaļlieta

das Spielzeugauto
spēļu automašīna

das Puppenhaus
leļļu māja

das Geschenk
dāvana

die Rassel
grabulis

der Ballon
balons

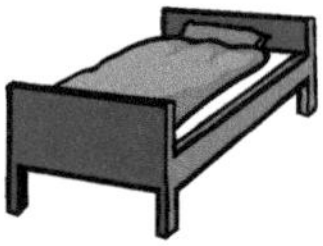

das Bett
gulta

der Kinderwagen
bērnu ratiņi

das Kartenspiel
kārtis

das Puzzle
puzle

der Comic
komikss

die Legosteine

LEGO klucīši

die Bausteine

klucīši

die Action Figur

varoņu figūra

der Strampelanzug

rāpulītis

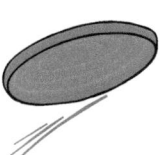

das Frisbee

lidojošais šķīvītis

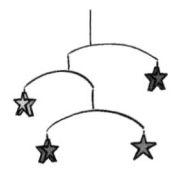

das Mobile

muzikālais karuselis

das Brettspiel

galda spēle

der Würfel

metamais kauliņš

die Modelleisenbahn

rotaļu dzelzceļš

der Schnuller

māneklis

die Party

ballīte

das Bilderbuch

bilžu grāmata

der Ball

bumba

die Puppe

lelle

spielen

spēlēt

der Sandkasten

smilšu kaste

die Schaukel

šūpoles

das Spielzeug

rotaļlietas

die Spielkonsole

spēļu konsole

das Dreirad

trīsritenis

der Teddy

plīša lācītis

der Kleiderschrank

drēbju skapis

die Kleidung
apģērbs

die Socken

īszeķes

die Strümpfe

zeķes

die Strumpfhose

zeķbikses

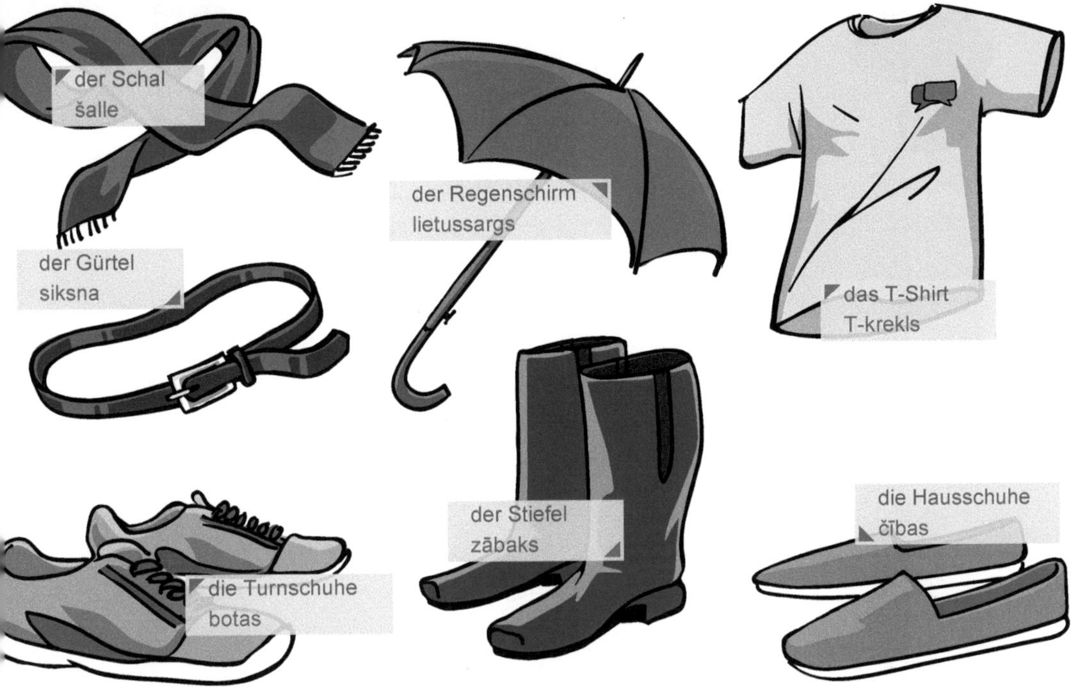

der Schal
šalle

der Regenschirm
lietussargs

das T-Shirt
T-krekls

der Gürtel
siksna

die Hausschuhe
čības

der Stiefel
zābaks

die Turnschuhe
botas

die Sandalen
....
sandales

die Schuhe
....
kurpes

die Gummistiefel
....
gumijas zābaki

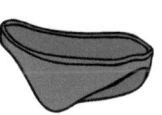

die Unterhose
....
apakšbikses

der Büstenhalter
....
krūšturis

das Unterhemd
....
apakškrekls

die Kleidung - apģērbs

45

der Body

bodijs

die Hose

bikses

die Jeans

džinsi

der Rock

svārki

die Bluse

blūze

das Hemd

krekls

der Pullover

pulovers

der Kapuzenpullover

džemperis

der Blazer

žakete

die Jacke

jaka

der Mantel

mētelis

der Regenmantel

lietus mētelis

das Kostüm

kostīms

das Kleid

kleita

das Hochzeitskleid

kāzu kleita

der Anzug

uzvalks

das Nachthemd

naktskrekls

der Schlafanzug

pidžama

der Sari

sari

das Kopftuch

lakats

der Turban

turbāns

die Burka

burka

der Kaftan

kaftāns

die Abaya

abaja

der Badeanzug

peldkostīms

die Badehose

peldbikses

die kurze Hose

šorti

der Trainingsanzug

treniņtērps

die Schürze

priekšauts

die Handschuhe

cimdi

die Kleidung - apģērbs

47

der Knopf

poga

die Brille

brilles

das Armband

rokassprādze

die Halskette

kaklarota

der Ring

gredzens

der Ohrring

auskars

die Mütze

cepure

der Kleiderbügel

drēbju pakaramais

der Hut

platmale

die Krawatte

kaklasaite

der Reißverschluss

rāvējslēdzējs

der Helm

ķivere

der Hosenträger

bikšturi

die Schuluniform

skolas forma

die Uniform

uniforma

das Lätzchen

priekšautiņš

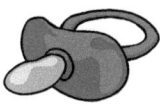

der Schnuller

māneklis

die Windel

autiņbiksītes

das Büro

birojs

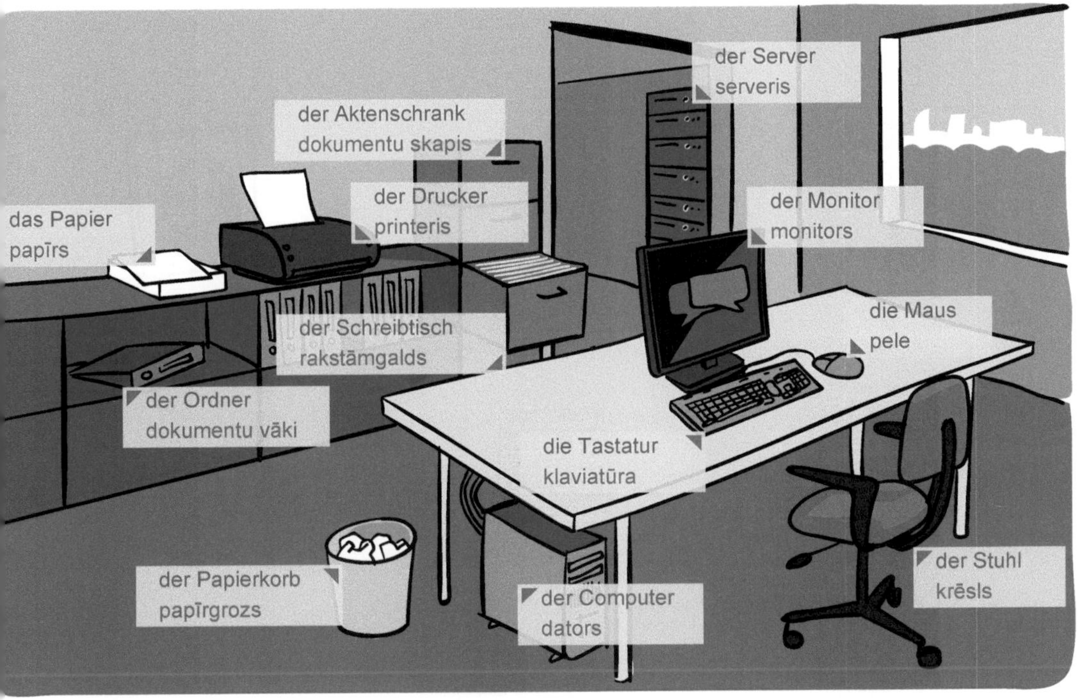

der Server
serveris

der Aktenschrank
dokumentu skapis

der Drucker
printeris

das Papier
papīrs

der Monitor
monitors

der Schreibtisch
rakstāmgalds

die Maus
pele

der Ordner
dokumentu vāki

die Tastatur
klaviatūra

der Papierkorb
papīrgrozs

der Stuhl
krēsls

der Computer
dators

der Kaffeebecher

kafijas krūze

der Taschenrechner

kalkulators

das Internet

internets

der Laptop

portatīvais dators

der Brief

vēstule

die Nachricht

ziņa

das Handy

mobilais tālrunis

das Netzwerk

tīkls

der Kopierer

kopētājs

die Software

programmatūra

das Telefon

telefons

die Steckdose

rozete

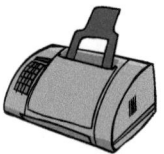

das Fax

faksa aparāts

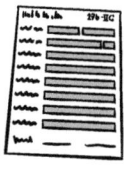

das Formular

formulārs

das Dokument

dokuments

kaufen

pirkt

bezahlen

samaksāt

handeln

tirgot

das Geld

nauda

der Dollar

dolārs

der Euro

eiro

der Yen

jēna

der Rubel

rublis

der Franken

franks

der Renminbi Yuan

juaņa renminbi

die Rupie

rūpija

der Geldautomat

bankomāts

die Wechselstube

valūtas maiņas punkts

das Gold

zelts

das Silber

sudrabs

das Öl

nafta

die Energie

enerģija

der Preis

cena

der Vertrag

līgums

die Steuer

nodoklis

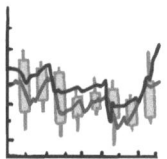

die Aktie

akcija

arbeiten

strādāt

der Angestellte

darbinieks

der Arbeitgeber

darba devējs

die Fabrik

fabrika

das Geschäft

veikals

die Berufe
profesijas

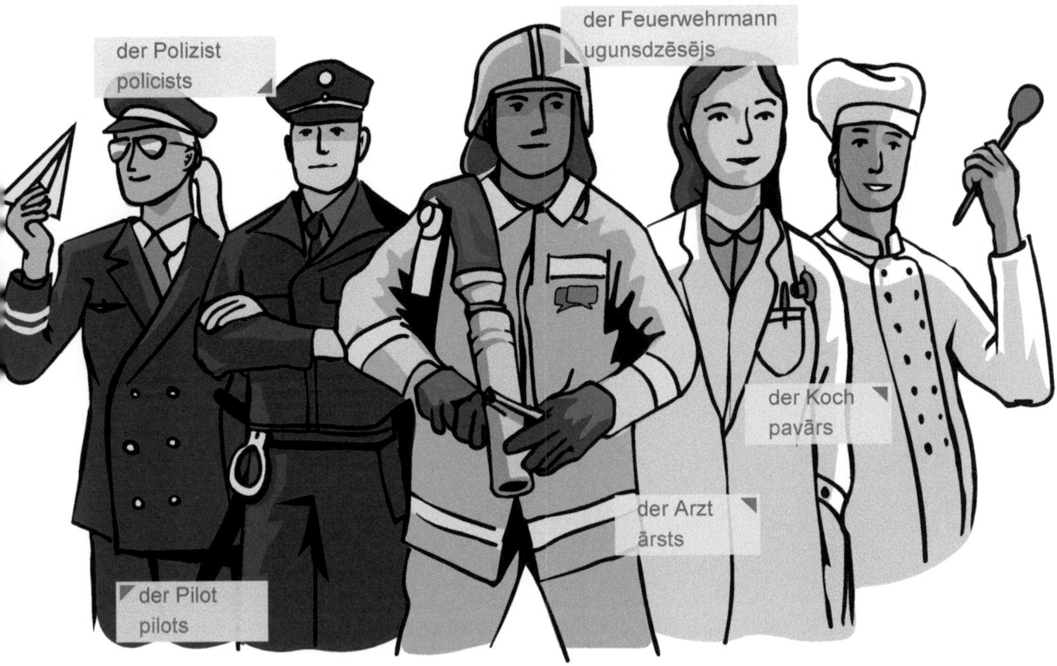
der Feuerwehrmann
ugunsdzēsējs
der Polizist
policists
der Koch
pavārs
der Arzt
ārsts
der Pilot
pilots

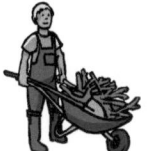

der Gärtner
dārznieks

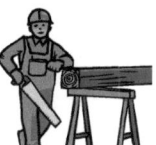

der Tischler
galdnieks

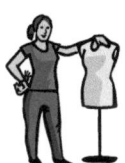

die Näherin
šuvēja

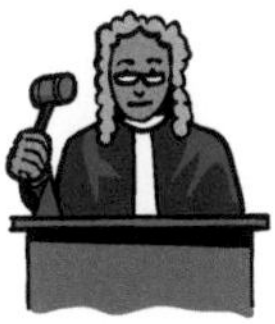

der Richter
tiesnesis

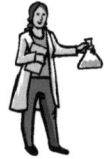

der Chemiker
ķīmiķis

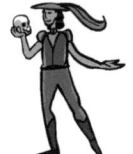

der Schauspieler
aktieris

der Busfahrer

autobusa vadītājs

der Taxifahrer

taksometra vadītājs

der Fischer

zvejnieks

die Putzfrau

apkopēja

der Dachdecker

jumiķis

der Kellner

viesmīlis

der Jäger

mednieks

der Maler

gleznotājs

der Bäcker

maiznieks

der Elektriker

elektriķis

der Bauarbeiter

celtnieks

der Ingenieur

inženieris

der Schlachter

miesnieks

der Klempner

skārdnieks

der Postbote

pastnieks

der Soldat

karavīrs

der Architekt

arhitekts

der Kassierer

kasieris

der Florist

florists

der Friseur

frizieris

der Schaffner

konduktors

der Mechaniker

mehāniķis

der Kapitän

kapteinis

der Zahnarzt

zobārsts

der Wissenschaftler

zinātnieks

der Rabbi

rabīns

der Imam

imāms

der Mönch

mūks

der Geistliche

mācītājs

die Werkzeuge

instrumenti

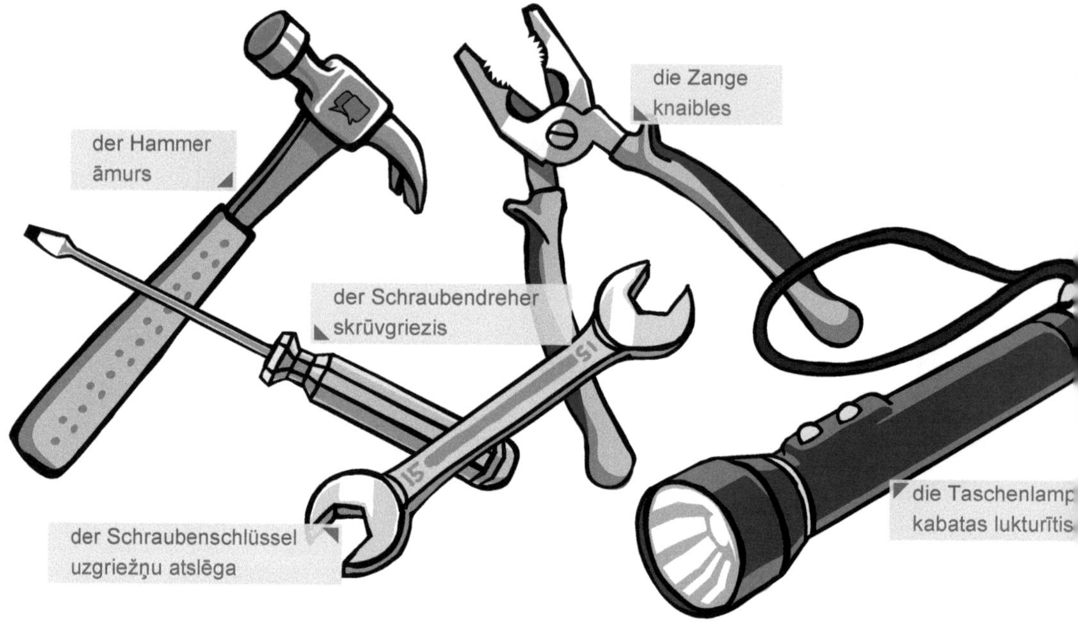

der Hammer
āmurs

die Zange
knaibles

der Schraubendreher
skrūvgriezis

der Schraubenschlüssel
uzgriežņu atslēga

die Taschenlamp
kabatas lukturītis

der Bagger

ekskavators

der Werkzeugkasten

instrumentu kaste

die Leiter

kāpnes

die Säge

zāģis

die Nägel

naglas

der Bohrer

urbis

reparieren

remontēt

die Schaufel

lāpsta

Mist!

Velns!

das Kehrblech

liekšķere

der Farbtopf

krāsas bundža

die Schrauben

skrūves

die Musikinstrumente
mūzikas instrumenti

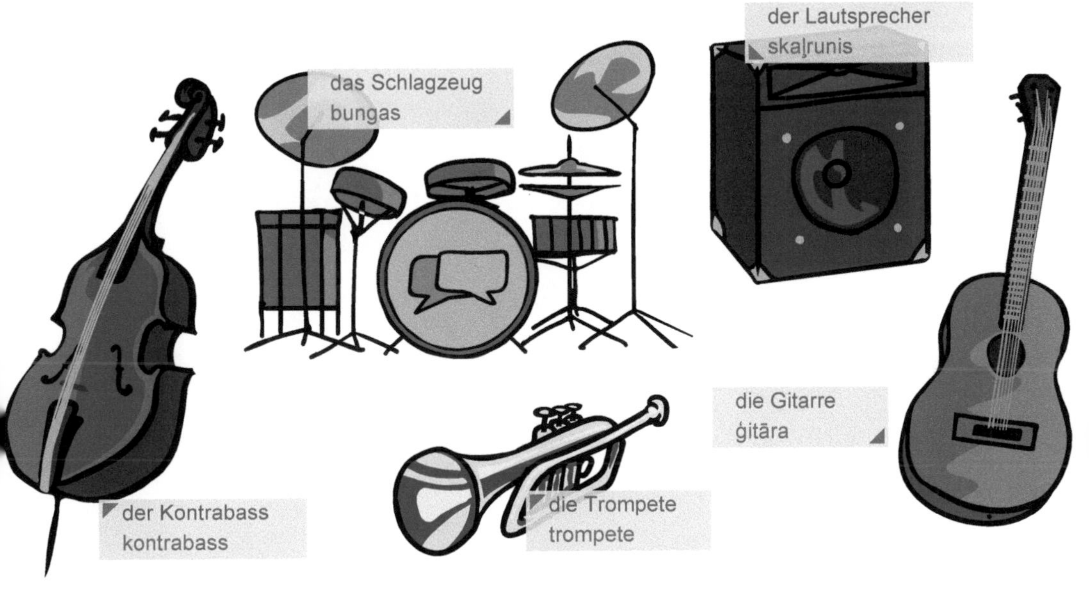

der Lautsprecher
skaļrunis

das Schlagzeug
bungas

die Gitarre
ģitāra

der Kontrabass
kontrabass

die Trompete
trompete

das Klavier

klavieres

die Violine

vijole

der Bass

bass

die Pauke

timpāni

die Trommeln

bungas

das Keyboard

digitālās klavieres

das Saxophon

saksofons

die Flöte

flauta

das Mikrofon

mikrofons

der Zoo
zooloģiskais dārzs

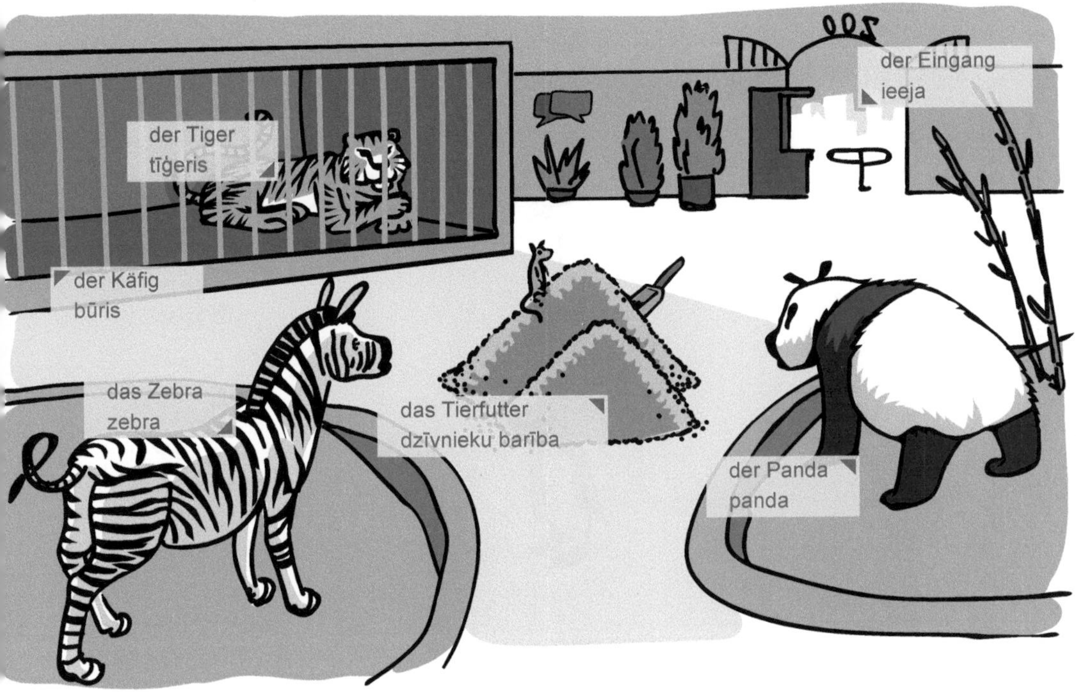

ZOO
der Eingang
ieeja
der Tiger
tīģeris
der Käfig
būris
das Zebra
zebra
das Tierfutter
dzīvnieku barība
der Panda
panda

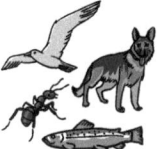

die Tiere
dzīvnieki

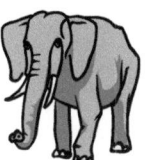

der Elefant
zilonis

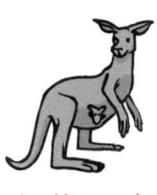

das Känguruh
ķengurs

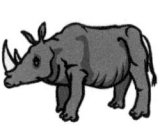

das Nashorn
degunradzis

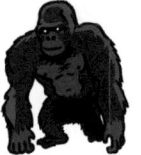

der Gorilla
gorilla

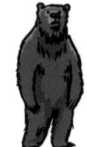

der Bär
lācis

das Kamel

kamielis

der Strauß

strauss

der Löwe

lauva

der Affe

pērtiķis

der Flamingo

flamings

der Papagei

papagailis

der Eisbär

polārlācis

der Pinguin

pingvīns

der Hai

haizivs

der Pfau

pāvs

die Schlange

čūska

das Krokodil

krokodils

der Zoowärter

zoodārza sargs

die Robbe

ronis

der Jaguar

jaguārs

der Zoo - zooloģiskais dārzs

das Pony

ponijs

der Leopard

leopards

das Nilpferd

nīlzirgs

die Giraffe

žirafe

der Adler

ērglis

das Wildschwein

meža cūka

der Fisch

zivs

die Schildkröte

bruņurupucis

das Walross

valzirgs

der Fuchs

lapsa

die Gazelle

gazele

der Sport
sports

das American Football
amerikāņu futbols

das Radfahren
riteņbraukšana

das Tennis
teniss

der Basketball
basketbols

das Schwimmen
peldēšana

das Boxen
bokss

das Eishockey
hokejs

der Fußball
futbols

das Badminton
badmintons

die Leichtathletik
vieglatlētika

der Handball
rokas bumba

das Skilaufen
slēpošana

das Polo
polo

springen
lēkt

lachen
smieties

umarmen
apskaut

gehen
iet

singen
dziedāt

träumen
sapņot

beten
lūgt

küssen
skūpstīt

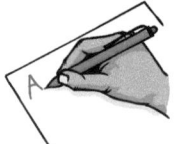

schreiben
rakstīt

zeichnen
zīmēt

zeigen
rādīt

drücken
spiest

geben
dot

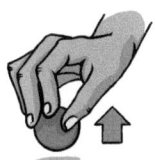

nehmen
ņemt

haben

būt

tun

darīt

sein

būt

stehen

stāvēt

laufen

skriet

ziehen

vilkt

werfen

mest

fallen

krist

liegen

gulēt

warten

gaidīt

tragen

nest

sitzen

sēdēt

anziehen

uzģērbt

schlafen

gulēt

aufwachen

pamosties

ansehen

skatīties

weinen

raudāt

streicheln

glāstīt

kämmen

ķemmēt

reden

runāt

verstehen

saprast

fragen

jautāt

hören

dzirdēt

trinken

dzert

essen

ēst

aufräumen

sakārtot

lieben

mīlēt

kochen

vārīt

fahren

braukt

fliegen

lidot

segeln

burot

rechnen

rēķināt

lesen

lasīt

lernen

mācīties

arbeiten

strādāt

heiraten

precēties

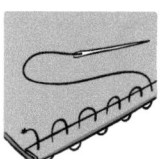

nähen

šūt

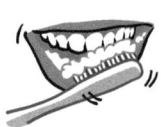

Zähne putzen

tīrīt zobus

töten

nogalināt

rauchen

smēķēt

senden

sūtīt

die Großmutter
vecāmāte

der Großvater
vectēvs

der Vater
tēvs

die Mutter
māte

das Baby
mazulis

die Tochter
meita

der Sohn
dēls

der Gast

viesis

die Tante

tante

der Onkel

onkulis

der Bruder

brālis

die Schwester

māsa

der Körper
ķermenis

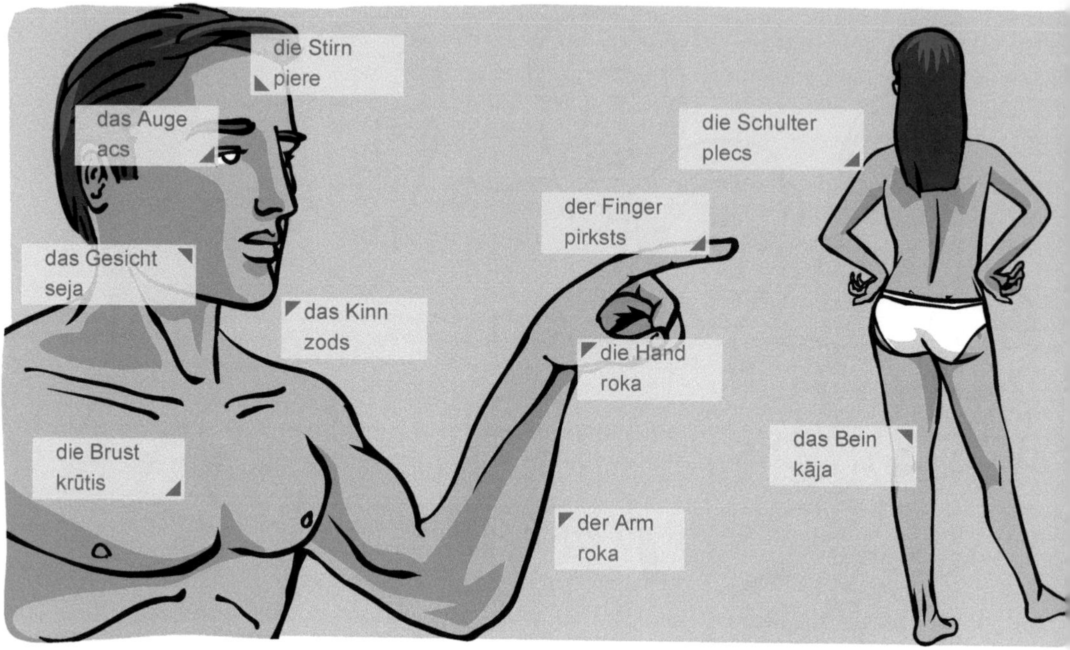

die Stirn
piere

das Auge
acs

die Schulter
plecs

der Finger
pirksts

das Gesicht
seja

das Kinn
zods

die Hand
roka

die Brust
krūtis

das Bein
kāja

der Arm
roka

das Baby

mazulis

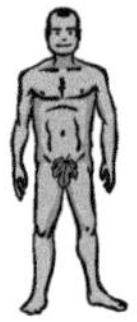

der Mann

vīrietis

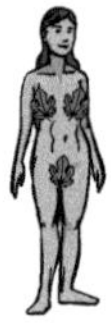

die Frau

sieviete

das Mädchen

meitene

der Junge

zēns

der Kopf

galva

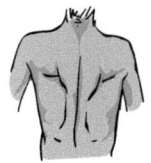

der Rücken

mugura

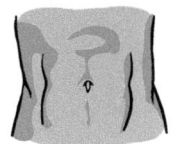

der Bauch

vēders

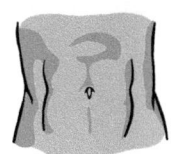

der Nabel

naba

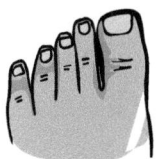

der Zeh

kājas pirksts

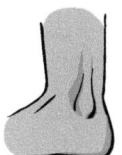

die Ferse

papēdis

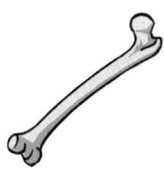

der Knochen

kauls

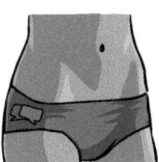

die Hüfte

gurns

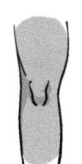

das Knie

celis

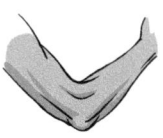

der Ellenbogen

elkonis

die Nase

deguns

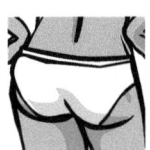

das Gesäß

dibens

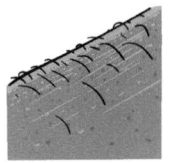

die Haut

āda

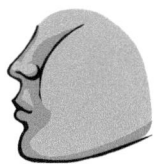

die Wange

vaigs

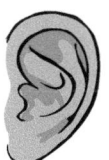

das Ohr

auss

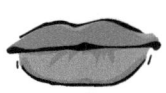

die Lippe

lūpa

der Körper - ķermenis

der Mund

mute

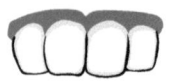

der Zahn

zobs

die Zunge

mēle

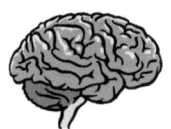

das Gehirn

smadzenes

das Herz

sirds

der Muskel

muskulis

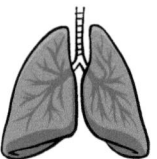

die Lunge

plaušas

die Leber

aknas

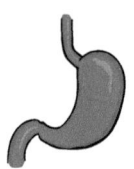

der Magen

kuņģis

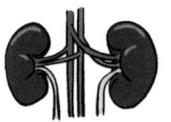

die Nieren

nieres

der Geschlechtsverkehr

dzimumakts

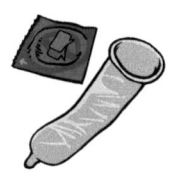

das Kondom

kondoms

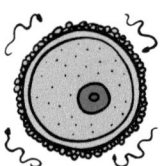

die Eizelle

olšūna

das Sperma

sperma

die Schwangerschaft

grūtniecība

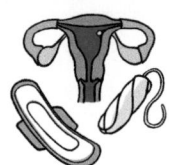

die Menstruation

menstruācijas

die Vagina

vagīna

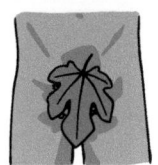

der Penis

penis

die Augenbraue

uzacs

das Haar

mati

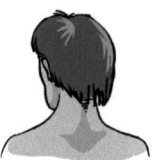

der Hals

kakls

das Krankenhaus
slimnīca

das Krankenhaus
slimnīca

der Krankenwagen
ātrā palīdzība

der Rollstuhl
ratiņkrēsls

der Bruch
lūzums

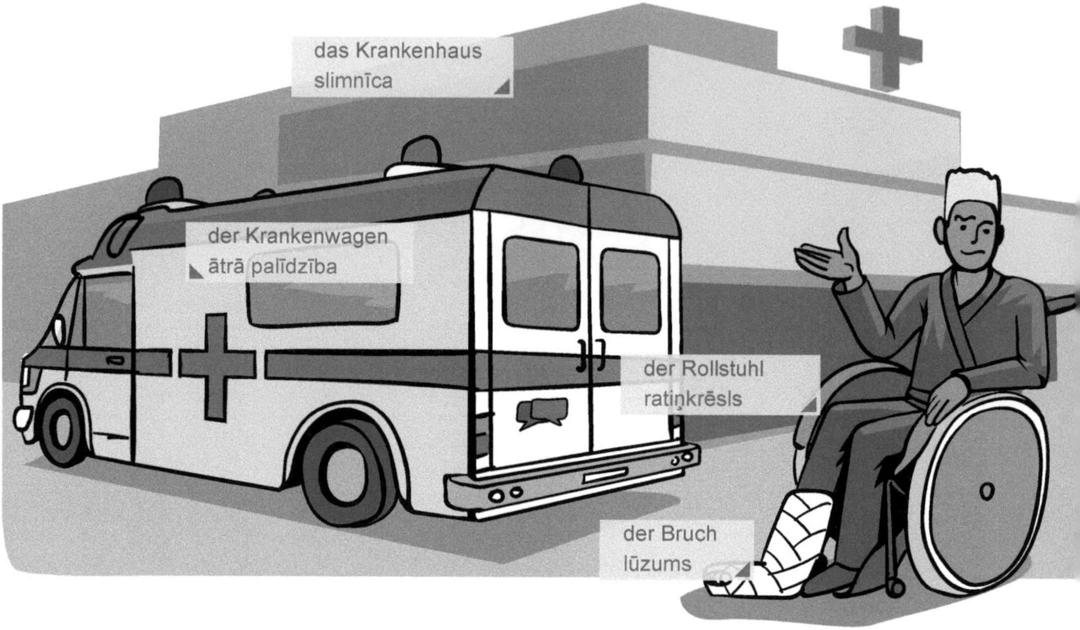

der Arzt

ārsts

die Notaufnahme

neatliekamās palīdzības
nodaļa

die Krankenschwester

medmāsa

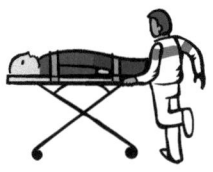

der Notfall

ārkārtas gadījums

ohnmächtig

paģībis

der Schmerz

sāpes

die Verletzung

ievainojums

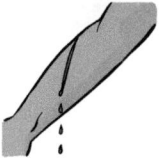

die Blutung

asiņošana

der Herzinfarkt

sirdslēkme

der Schlaganfall

insults

die Allergie

alerģija

der Husten

klepus

das Fieber

temperatūra

die Grippe

gripa

der Durchfall

caureja

die Kopfschmerzen

galvassāpes

der Krebs

vēzis

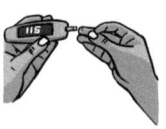

die Diabetis

diabēts

der Chirurg

ķirurgs

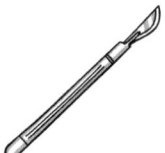

das Skalpell

skalpelis

die Operation

operācija

das CT

datortomogrāfija

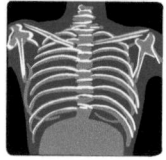

das Röntgen

rentgents

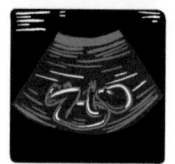

das Ultraschall

ultraskaņa

die Maske

sejas maska

die Krankheit

slimība

das Wartezimmer

uzgaidāmā telpa

die Krücke

kruķis

das Pflaster

plāksteris

der Verband

apsējs

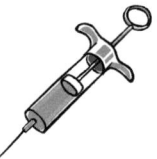

die Injektion

injekcija

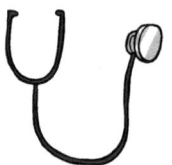

das Stethoskop

stetoskops

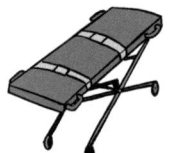

die Trage

nestuves

das Thermometer

termometrs

die Geburt

dzemdības

das Übergewicht

liekais svars

das Hörgerät

dzirdes aparāts

das Desinfektionsmittel

dezinfekcijas līdzeklis

die Infektion

infekcija

das Virus

vīruss

das HIV / AIDS

HIV / AIDS

die Medizin

zāles

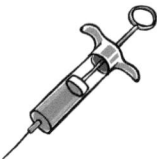

die Impfung

pote

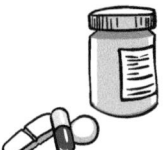

die Tabletten

tabletes

die Pille

pretapaugļošanās tablete

der Notruf

ārkārtas izsaukums

das Blutdruck-Messgerät

asinsspiediena mērītājs

krank / gesund

slims / vesels

der Notfall
ārkārtas gadījums

Hilfe!

Palīgā!

der Alarm

trauksme

der Überfall

uzbrukums

der Angriff

uzbrukums

die Gefahr

bīstamība

der Notausgang

avārijas izeja

Feuer!

Uguns!

der Feuerlöscher

ugunsdzēšamais aparāts

der Unfall

negadījums

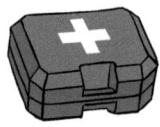

der Erste-Hilfe-Koffer

pirmās palīdzības aptieciņa

SOS

SOS

die Polizei

policija

das Europa

Eiropa

das Nordamerika

Ziemeļamerika

das Südamerika

Dienvidamerika

das Afrika

Āfrika

das Asien

Āzija

das Australien

Austrālija

der Atlantik

Atlantijas okeāns

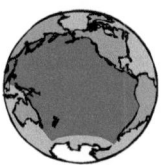

der Pazifik

Klusais okeāns

der Indische Ozean

Indijas okeāns

der Antarktische Ozean

Dienvidu okeāns

der Arktische Ozean

Ziemeļu ledus okeāns

der Nordpol

Ziemeļpols

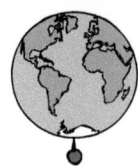

der Südpol

Dienvidpols

die Antarktis

Antarktika

die Erde

zeme

das Land

zeme

das Meer

jūra

die Insel

sala

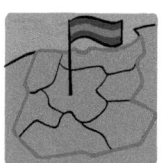

die Nation

nācija

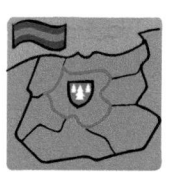

der Staat

valsts

das Zifferblatt

ciparnīca

der Stundenzeiger

stundu rādītājs

der Minutenzeiger

minūšu rādītājs

der Sekundenzeiger

sekunžu rādītājs

Wie spät ist es?

Cik ir pulkstenis?

der Tag

diena

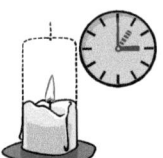

die Zeit

laiks

jetzt

tagad

die Digitaluhr

digitālais pulkstenis

die Minute

minūte

die Stunde

stunda

die Woche
nedēļa

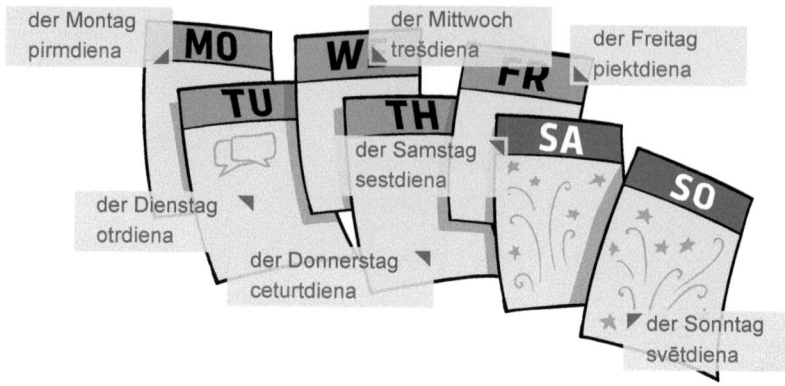

der Montag
pirmdiena

der Mittwoch
trešdiena

der Freitag
piektdiena

der Dienstag
otrdiena

der Samstag
sestdiena

der Donnerstag
ceturtdiena

der Sonntag
svētdiena

gestern

vakardien

heute

šodien

morgen

rītdien

der Morgen

rīts

der Mittag

pusdienlaiks

der Abend

vakars

MO	TU	WE	TH	FR	SA	SU
1	2	3	4	5	6	7
8	9	10	11	12	13	14
15	16	17	18	19	20	21
22	23	24	25	26	27	28
29	30	31	1	2	3	4

die Arbeitstage

darbadienas

MO	TU	WE	TH	FR	SA	SU
1	2	3	4	5	6	7
8	9	10	11	12	13	14
15	16	17	18	19	20	21
22	23	24	25	26	27	28
29	30	31	1	2	3	4

das Wochenende

brīvdienas

das Jahr
gads

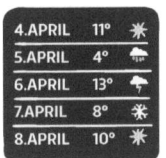

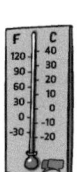

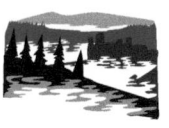

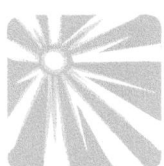

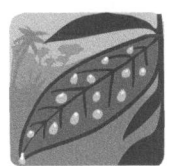

der Regen
lietus
der Regenbogen
varavīksne
der Schnee
sniegs
der Wind
vējš
der Frühling
pavasaris
der Herbst
rudens
der Sommer
vasara
der Winter
ziema

4.APRIL 11°
5.APRIL 4°
6.APRIL 13°
7.APRIL 8°
8.APRIL 10°

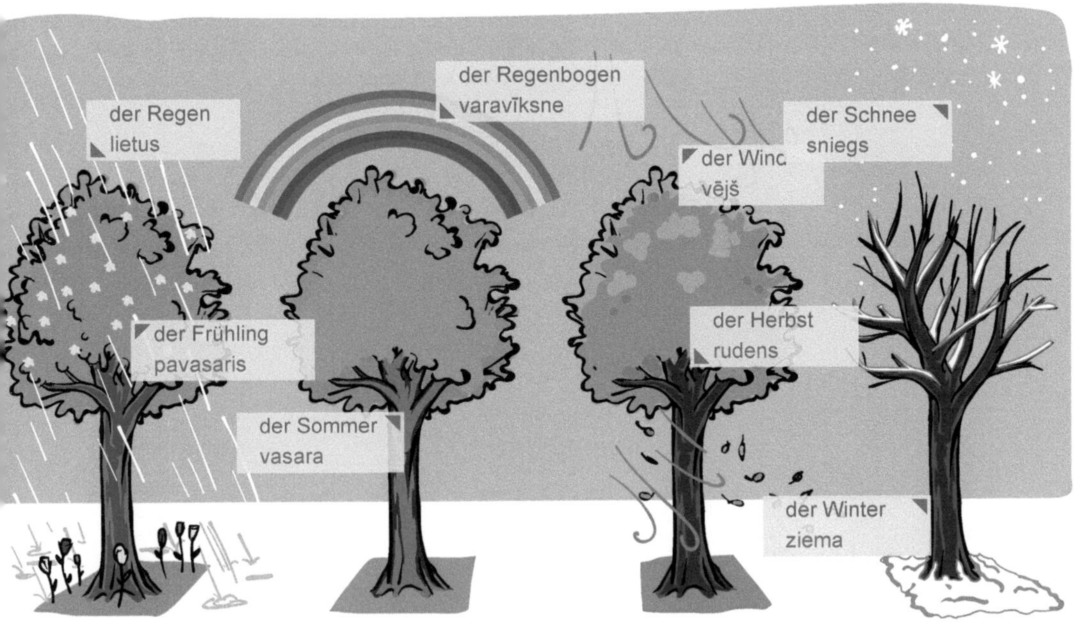

die Wettervorhersage
laika prognoze

F C
120 40
90 30
60 20
30 10
0 0
-30 -10
-20

das Thermometer
termometrs

der Sonnenschein
saules gaisma

die Wolke
mākonis

der Nebel
migla

die Luftfeuchtigkeit
gaisa mitrums

der Blitz

zibens

der Donner

pērkons

der Sturm

vētra

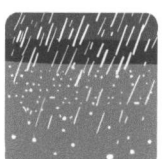

der Hagel

krusa

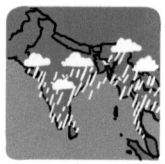

der Monsun

musons

die Flut

plūdi

das Eis

ledus

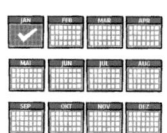

der Januar

janvāris

der Februar

februāris

der März

marts

der April

aprīlis

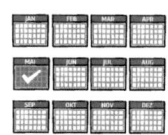

der Mai

maijs

der Juni

jūnijs

der Juli

jūlijs

der August

augusts

das Jahr - gads

der September

septembris

der Oktober

oktobris

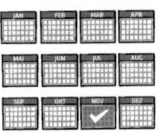

der November

novembris

der Dezember

decembris

die Formen
formas

der Kreis

aplis

das Quadrat

kvadrāts

das Rechteck

četrstūris

das Dreieck

trīsstūris

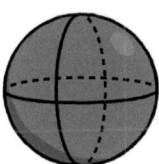

die Kugel

lode

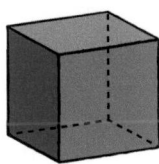

der Würfel

kubs

weiß

balts

gelb

dzeltens

orange

oranžs

pink

sārts

rot

sarkans

lila

lillā

blau

zils

grün

zaļš

braun

brūns

grau

pelēks

schwarz

melns

viel / wenig

daudz / maz

wütend / friedlich

saniknots / miermīlīgs

hübsch / hässlich

skaists / neglīts

der Anfang / das Ende

sākums / beigas

groß / klein

liels / mazs

hell / dunkel

gaišs / tumšs

der Bruder / die Schwester

brālis / māsa

sauber / schmutzig

tīrs / netīrs

vollständig / unvollständig

pilnīgs / nepilnīgs

der Tag / die Nacht

diena / nakts

tot / lebendig

miris / dzīvs

breit / schmal

plats / šaurs

genießbar / ungenießbar

baudāms / nebaudāms

böse / freundlich

nikns / laipns

aufgeregt / gelangweilt

satraukts / garlaikots

dick / dünn

resns / tievs

zuerst / zuletzt

pirmais /pēdējais

der Freund / der Feind

draugs / ienaidnieks

voll / leer

pilns / tukšs

hart / weich

ciets / mīksts

schwer / leicht

smags / viegls

der Hunger / der Durst

izsalkums / slāpes

krank / gesund

slims / vesels

illegal / legal

nelegāls / legāls

intelligent / dumm

inteliģents / dumjš

links / rechts

kreisais / labais

nah / fern

tuvu / tālu

neu / gebraucht

jauns / lietots

nichts / etwas

nekas / kaut kas

alt / jung

vecs / jauns

an / aus

ieslēgts / izslēgts

offen / geschlossen

atvērts / slēgts

leise / laut

kluss / skaļš

reich / arm

bagāts / nabags

richtig / falsch

pareizi / nepareizi

rau / glatt

raupjš / gluds

traurig / glücklich

noskumis / laimīgs

kurz / lang

īss / garš

langsam / schnell

lēns / ātrs

nass / trocken

slapjš / sauss

warm / kühl

silts / vēss

der Krieg / der Frieden

karš / miers

die Gegenteile - pretstati

die Zahlen
skaitļi

0

null

nulle

1

eins

viens

2

zwei

divi

3

drei

trīs

4

vier

četri

5

fünf

pieci

6

sechs

seši

7

sieben

septiņi

8

acht

astoņi

9

neun

deviņi

10

zehn

desmit

11

elf

vienpadsmit

12

zwölf

divpadsmit

13

dreizehn

trīspadsmit

14

vierzehn

četrpadsmit

15

fünfzehn

piecpadsmit

16

sechzehn

sešpadsmit

17

siebzehn

septiņpadsmit

18

achtzehn

astoņpadsmit

19

neunzehn

deviņpadsmit

20

zwanzig

divdesmit

100

hundert

simts

1.000

tausend

tūkstotis

1.000.000

million

miljons

Englisch

anglu

Amerikanisches Englisch

amerikāņu anglu

Chinesisch Mandarin

ķīniešu mandarīnu valoda

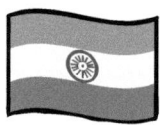

Hindi

hindi

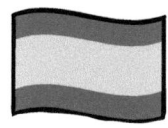

Spanisch

spāņu

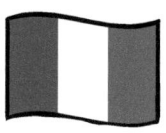

Französisch

franču

Arabisch

arābu

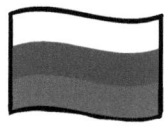

Russisch

krievu

Portugiesisch

portugāļu

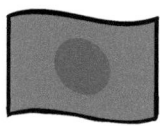

Bengalisch

bengāļu

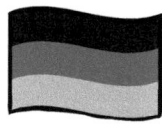

Deutsch

vācu

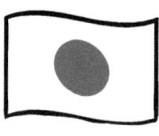

Japanisch

japāņu

ich

es

du

tu

er / sie / es

viņš / viņa

wir

mēs

ihr

jūs

sie

viņi / viņas

wer?

kas?

was?

ko?

wie?

kā?

wo?

kur?

wann?

kad?

Name

vārds

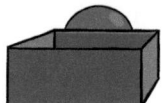

hinter

aiz

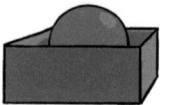

in

iekšā

vor

priekšā

über

virs

auf

uz

unter

zem

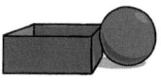

neben

blakus

zwischen

starp

der Ort

vieta